GÉRARD LABRUYÈRE

# LE SALON DE COROMANDEL D'HÉLÈNE BERNHEIM

## UN JOYAU DES ARTS DÉCORATIFS DÉTRUIT EN 1944

HISTOIRE ET PATRIMOINE DE SAVONNIÈRES

HISTOIRE ET PATRIMOINE DE SAVONNIÈRES

ISBN : 978-2-9588797-0-9

*"Si le feu brûlait ma maison, qu'emporterais-je ?*
*J'aimerais emporter le feu..."*.

*Jean Cocteau / Clair-obscur*

# INTRODUCTION

L'Art décoratif est un mouvement artistique qui a vu le jour dans les années 1910 et qui a connu son apogée dans les années 1920 avant de décliner lentement à partir des années 1930. Il englobe toutes les activités artistiques et les métiers d'art. Le « style Art déco » tire son nom de l'Exposition internationale des arts décoratifs et industriels modernes. Ce mouvement se manifeste dans l'architecture, le mobilier, la mode, les arts graphiques et les arts appliqués. Pierre Chareau et la famille Bernheim ont été des acteurs de ce mouvement. Chareau conçoit le Club-House du Golf de Beauvallon pour Émile Bernheim (1927), la Villa Vent d'Aval pour Edmond Bernheim (1927-1928), l'aménagement en 1927 du Grand Hôtel de Tours pour Paul Bernheim, et la maison de verre (1928) pour le docteur Jean Dalsace et son épouse Annie Bernheim, fille de Edmond.

Aménagé deux ans avant le Grand Hôtel de Tours, le salon de Coromandel de Hélène Bernheim est un exemple parfait de la façon de travailler de Pierre Chareau qui met en œuvre sa conception de la décoration intérieure en osmose avec les exigences du commanditaire. Cet espace élégant et accueillant est le reflet du goût impeccable de Hélène Bernheim et de son amour pour la culture asiatique. Les aménagements des appartements de Hélène Bernheim sont souvent attribués à leur appartement parisien, mais à partir de 1922 toutes les commandes passées par Hélène sont destinées à leur propriété des Mazeraies située à Savonnières en Indre-et-Loire. Pour la nursery du petit Alain Pierre Chareau demande un papier peint à Jean Lurçat, celui-ci nomme le modèle « les Mazeraies », c'est une preuve que la nursery n'était pas à Paris. Il existe une gare de chemin de fer, à quatre kilomètres des

Mazeraies, ce qui permet d'approvisionner le chantier avec les mobiliers et les matériaux de la boutique de Pierre Chareau à Paris.

Après avoir acheté les Mazeraies, en 1935, le docteur Louis Moinson, célèbre médecin parisien, fait venir le Tout-Paris dans la propriété. Héros de la première 39-45, commandeur de la Légion d'honneur, Louis Moinson quitte Paris en 1940 pour rejoindre les Mazeraies. Il assiste impuissant à la réquisition de son château par l'armée allemande, dépité il regagne la capitale où sa santé va se dégrader. Déjà gazé pendant la Première Guerre mondiale, la tuberculose l'envoie dans un sanatorium du Mont de Assy, où il guérit. Pour quitter la France, il se fait nommer médecin dans la principauté de Monaco. À la libération, les Allemands se vengent en mettant le feu au château, les dégâts sont considérables et les réquisitions allemandes de logement et de cantonnement ne font pas partie des dommages de guerre. Louis Moinson, dans l'impossibilité financière de reconstruire, fait démonter les murs pour vendre les pierres. Ainsi a disparu un joyau de l'art déco, le salon de Coromandel de Hélène Bernheim, que des privilégiés du Tout-Paris ont pu admirer pendant dix-huit ans.

# LES MAZERAIES

Le domaine des Mazeraies est une belle propriété située dans la commune de Savonnières en Indre et Loire, à quinze kilomètres de la ville de Tours. C'est une terre de villégiature et de rapport avec une contenance de plus de trente-six hectares. Elle est composée d'un château, une cour et deux grands jardins garnis d'arbres fruitiers avec allées ; Une closerie[1] avec la maison du closier, un clos de vignes percé d'allées, garnis d'arbres fruitiers et renfermé de murs, deux autres clos de vignes renfermés de haies vives, un pressoir avec ses cuves et caves creusées dans le rocher ; bâtiment pour la boulangerie et le jardinier ; une métairie[2] avec bâtiment pour les fermiers, des écuries pour les chevaux du maître, une sellerie ; les écuries pour les chevaux d'exploitation ; les étables pour les vaches ; la basse-cour pour les volailles, une autre basse-cour renfermée de murs où se trouve un bassin servant d'abreuvoir ; deux remises et serre à bois ; des terres labourables ; des prés et des bois taillis.

Cette propriété n'est pas très connue des habitants de Savonnières, car les propriétaires successifs ne participent pas à la vie communale, c'est une villégiature pour la haute société Parisienne, le domaine est disponible essentiellement chez des notaires parisiens. Un seul n'entre pas dans cette catégorie, Guillaume André Villoteau, car il ne recevait que des Tourangeaux et fut maire de Savonnières. Nous en reparlerons plus loin. Parmi les propriétaires particuliers des Mazeraies on trouve des personnages hauts en couleur.

---

[1] Terme ancien équivalent à domaine viticole.

[2] Terme ancien signifiant domaine agricole.

Le premier connu s'appelle Joseph Vincent Dominique Fabre dit Fabrefond, né le 23 janvier 1752 à Carcassonne (Languedoc), mort le 23 octobre 1826 à Bourges (Cher), il est général français de la Révolution et de l'Empire. IL est le frère cadet de Philippe-François-Nazaire Fabre, dit Fabre d'Églantine, acteur, dramaturge, poète et homme politique français qui a été guillotiné le 5 avril 1794 à Paris. Les détracteurs de Fabrefont affirmaient qu'il avait acheté les Mazeraies pour y mettre ses femmes.

Guillaume André Villoteau, achète les Mazeraies en 1809, neuf ans après être revenu de la campagne d'Égypte où il a étudié la musique orientale. Guillaume André Villoteau naît le 19 septembre 1759. Musicien ambulant à ses débuts, il intègre la maîtrise de Notre-Dame à la veille de la Révolution. Il quitte les ordres et se retrouve à l'Opéra pendant la Terreur où il devient chef de chœur, puis la doublure du célèbre chanteur Laÿs. Le chanteur Laÿs ayant refusé de partir, il prend sa place dans la Commission des sciences et des arts qui accompagne l'armée d'Orient pendant l'expédition d'Égypte de Bonaparte en 1798. Du Caire à Philæ, Îles de la première cataracte du Nil, il étudie les musiques arabes[3]. Ses écrits sur la musique forment 505 pages dans l'édition impériale in-folio de la Description de l'Égypte et 1 015 pages dans l'édition Panckoucke. Ce sera un véritable traité sur la musique égyptienne, passée et présente. Ce qui fait de lui le fondateur de l'ethnomusicographie.

Adolphus Goldsmith est propriétaire des Mazeraies à partir de 1860. C'est un Pionnier et élu au premier parlement de Victoria en Australie. Né le 6 mai 1798 en Allemagne, il est le fils de Lion Abraham Goldsmith, banquier de la BA Goldsmith & Co. Après la faillite de la banque, Adolphus arrive à Port Phillip, en Australie, le 30 juin 1841 sur le bateau Caroline en provenance d'Angleterre, il se rend acquéreur du domaine de Trawallo. Devenu membre du Melbourne Club, il est nommé magistrat territorial le 26 mars 1844. Le 6 septembre 1851, à la suite de la séparation de Port Phillip de la Nouvelle Galles du Sud, il est élu député de Ripon, Hampden, Grenville et Polwarth au sein du nouveau Conseil législatif de Victoria. En novembre 1853, il vend Trawallo à John et Robert Simson

---

[3] Robert Solé, Les savants de Bonaparte, Paris, Seuil, 1998.

et démissionne de ses fonctions de membre du conseil législatif[4]. Le 1er juillet 1856, il est à Paris pour le mariage de sa fille unique, Amélie Henriette Goldsmith, avec Jules Auguste Michel, comte de la Salle, capitaine des cent-gardes de l'empereur des Français. Il décède le 15 mars 1876, au 24 rue de Berri, à Paris. Son fils Alfred et sa femme résident en alternance aux Mazeraies et à Paris jusqu'au environ de 1889.

Jean Baptiste Claude Duzéa Joannes a été propriétaire des Mazeraies du 25 juin 1898 au 28 mars 1902. Il a replanté 4 ha de vigne en arrivant. Sa femme est plus connue, Jeanne Grateloup, est une astrologue réputée du nom de *Jeanduz*. C'est aussi l'une des membres fondateurs du Centre d'Études astrologiques de France. Auteure de nombreux livres d'astrologie dont « Cours universel d'astrologie » et « Les 360 degrés du zodiaque », elle reste aujourd'hui une référence dans ce domaine.[5]

Robert Coppens de Fontenay, conseiller honoraire de la légation (ambassade) de Sa Majesté le roi des Belges, est propriétaire au printemps 1902. Le couple organise, au Mazeraies, en période estivale des séjours pour la noblesse parisienne. Durant l'été 1905, les Coppens de Fontenay ont entrepris des modernisations dans le bâtiment primitif et ont construit une aile à deux étages avec une avancée, en façade, en arrondi. Les travaux sont terminés le 15 décembre[6]. Les prochains, et derniers propriétaires des Mazeraies sont cités dans les chapitres suivant.

Le domaine des Mazeraies consiste en une maison de maître, une cour, et deux grands jardins à l'usage du maître, parfaitement entretenus, garnis d'arbres fruitiers. La closerie est constituée d'un bâtiment avec le pressoir à roue avec ses ustensiles et cuves reliées en fer, caves dans le rocher. Un enclos de vignes percé d'allées, aussi garnis d'arbres fruitiers et renfermé de murs, contenant 3 ha. 95 a. 40 ca. Au milieu de ce clos, sur un monticule, se trouve un cabinet d'observation récemment construit. S'ajoutent deux autres clos de vignes renfermés de haies vives, contenant ensemble 1 ha 15 a. 32 ca. La métairie est constituée du logement du fermier et du jardinier, dans ce même corps de bâtiment se trouve la

---

[4] Boldrewood, Rolf, Old Melbourne memories, 1826-1915

[5] Janduz (Jeanne Duzéa), Le 360 Degrés du Zodiaque, Symbolisés par l'Image et par la Cabbale, Paris : Éditions Bussière, 1990.

[6] Le Soleil, journal, 29 novembre 1905.

boulangerie, les écuries pour les chevaux du maître, la sellerie, les écuries pour les chevaux d'exploitation, l'étable pour les vaches, la basse-cour pour les volailles, deux remises et une serre à bois. Une autre basse-cour renfermée de murs où se trouve un bassin servant d'abreuvoir. L'exploitation consiste en 9 ha. 50 a. de terres labourables, de 1 ha. 2 a. 14 ca. de prés et 1 ha. 98 a. de bois. L'ensemble du domaine avec les parties privatives, la closerie et la métairie contient plus de 30 ha., c'est une grande propriété à gérer avec un personnel qualifié.

# HÉLÈNE ET PAUL BERNHEIM

Avant la Première Guerre mondiale, la société immobilière Bernheim frères et fils est une entreprise florissante. Edmond, Émile et Julien connaissent une ascension sociale fulgurante, doués pour les affaires, les trois frères s'enrichissent rapidement. Ils accèdent très vite à un milieu social fortuné bien différent de celui dont ils sont issus. En 1902, Julien dote largement sa fille, Marcelle, à l'occasion de son mariage, et ses deux autres enfants ne sont pas oubliés. Ainsi André et Paul achètent chacun un appartement à Paris, respectivement rue d'Anjou, rue de Lille et rue de Varenne. Paul se marie le 16 juillet 1905 avec Ilona Teplansky, surnommée Hélène. Le couple acquiert la superbe propriété des Mazeraies à Savonnières en 1906.

À partir de 1916 Paul, sa femme Hélène et leurs deux enfants, Claude et Michel, viennent habiter aux Mazeraies, ils se partagent entre Paris et la Touraine. La société Bernheim est propriétaire des immeubles de voyageurs place de la gare de Tours. Le Grand Hôtel de Tours est né de l'esprit de Paul Bernheim, qui souhaite que ce vaste immeuble cossu abrite dès son ouverture un « hôtel à voyageurs, une brasserie et un cinéma ». Construit par l'architecte tourangeau Maurice Boille il est entièrement aménagé par un ami du couple, Pierre Chareau, en 1927.

Avant la construction du Grand Hôtel, Hélène tombe enceinte à 37 ans, les Bernheim décident d'aménager le château des Mazeraies, principalement l'aile construite par Robert Coppens de Fontenay, secrétaire honoraire de l'ambassade de Belgique, les aménagements intérieurs sont de Pierre Chareau en 1922. Alain naît à Paris le 5 octobre 1922, une nursery lui est aménagée aux Mazeraies avec un papier peint de Jean Lurçat. Le contour des fondations du château montre la partie arrondie du mur gouttereau dans lequel Chareau a construit le salon ovale présentant un décor réalisé en bambou encadrant des panneaux de laque de Coromandel intégrés. Paul Bernheim est président du syndicat pour l'électrification de Savonnières, l'électricité est amenée aux Mazeraies dès la fin de l'année 1923.

En juin 1935 Michel Bernheim, leur fils cadet, réalise Marie des angoisses au Mazeraies avec Mireille Balin, Françoise Rosay et Pierre Dux [7]. Quelques mois plus tard, Paul et Hélène Bernheim vendent la propriété au célèbre docteur parisien Louis Moinson.

Paul Bernheim décède à Paris en 1937 à 57 ans. La famille reste à Paris jusqu'en 1939 où elle retrouve le calme de la Touraine, à Tours, à l'aube de la guerre. Lorsque les Allemands envahissent la France, les deux frères aînés entrent dans les forces françaises libres, Claude en tant que pilote, Michel dans la marine. Alain n'a que 17 ans, il reste avec sa mère. Hélène Bernheim, née Teplansky est contrainte de quitter la France car son frère et sa belle-sœur ont été arrêtés à Paris et déportés vers Auschwitz où ils mourront [8].

Claude Bernheim est décédé à Neuilly sur Seine le 15 mai 1972, à l'âge de 65 ans. Vice-président de la compagnie Wertheimer Frères (parfum Bourjois) à New York, Chevalier de la Légion d'honneur. Michel Bernheim est décédé à Paris le 20 avril 1985, à l'âge de 77 ans, il était réalisateur en France. Alain Bernheim est décédé à Paris le 2 octobre 2009 à l'âge de 87 ans. Parti avec sa mère, il était producteur à Hollywood [9], Chevalier de la Légion d'honneur [10]. Hélène Bernheim (Ilona Teplansky) est décédée en 1951 à Beverly Hills, Los Angeles USA, à l'âge de 66 ans.

---

[7] Paris-soir, 17 juin 1935.
[8] Legifrance.gouv.fr : J.O. n°144 du 23 juin 2000 page 9463.
[9] Martinon's Blog : Consul général de France à Los Angeles, nécrologie de Alain Bernheim.
[10] Legifrance.gouv.fr : J.O. n° 90 du 15 avril 2001, décret du 11 avril 2001.

## Le grand Hôtel de Tours

Carte postale dessinée vers 1930

Le Grand Hôtel de Tours a été construit en 1927 par l'architecte tourangeau Maurice Boille et le décorateur Pierre Chareau pour l'aménagement intérieur, il symbolisait l'Art déco en trônant en plein cœur de la ville avec ses 105 chambres, son restaurant, sa salle des fêtes et son cinéma. Cet hôtel est un exemple remarquable de l'intégration réussie du mobilier de Chareau dans un contexte architectural. Les fauteuils, les canapés et les tables ont été conçus pour s'harmoniser avec les lignes épurées et géométriques de l'édifice. L'utilisation de matériaux nobles renforce l'impression de luxe et de sophistication dégagée par le mobilier de Chareau. L'architecture extérieure de cet établissement est inspirée par le style haussmannien de Paris. Cependant, dès qu'on passe la réception, l'ambiance nous transporte dans un univers Art déco.

L'entrée et le vestibule ont un plafond en stuc inséré avec un étroit verre opaque blanc de forme rectangulaire avec un éclairage intégré en verre opaque blanc et bandes de fer, les murs sont en stuc. Le sol en carreaux de marbre et les portes en métal poli et verre opaque blanc. La salle à manger a des murs en stuc blanc, l'éclairage dans les frises de petites plaques d'albâtre et fer forgé incrusté dans les murs et le plafond et des meubles en chêne.

Salle à Manger © Thérèse Bonney/Smithsonian

Le fumoir a ses murs en carreaux d'acajou et le sol en caoutchouc gris et vert. Les lumières dissimulées dans les murs et le plafond sous un verre blanc opaque, meuble en acajou et fer forgé. Les chaises longues recouvertes de cuir vert. Les portes des ventilateurs coulissantes en acajou, pouvant être fermées pour séparer la pièce principale du bar attenant.

La salle de bal du Grand Hôtel est en murs en plâtre blanc et boiseries en sycomore argenté garnies de lamelles nickelées agrémentés de petites lumières en plaques d'albâtre blanc et fer forgé. Dans la salle de lecture les murs sont en mosaïque d'argent deux tons de beige. Les meubles sont en chêne recouverts de velours marron et argent ou en tissu mosaïque or et argent. Des étagères sur colonne servent de porte journaux. Applique géométrique en plaques d'albâtre et fer forgé. Miroir coulissant en fer forgé. Le tapis est à trois tons de bleu[11]. Le mobilier conçu par Pierre

[11] Smithsonian Libraries/Bib No 537688

Chareau est innovant, fonctionnel et luxueux, il va s'imposer à Tours comme le créateur le plus surprenant de l'Art déco.

Fumoir © Thérèse Bonney/Smithsonian

Les études du Grand hôtel ont commencé en 1922, la mise au point a duré cinq ans et les travaux ont commencé en 1927 après la fin de la construction du Club-House du Golf de Beauvallon. L'hôtel se distingue par ses lignes épurées, son mobilier design et son ambiance des années trente. L'entrée de la salle des fêtes est particulièrement remarquable, avec ses portes en fer forgé et ses motifs géométriques.

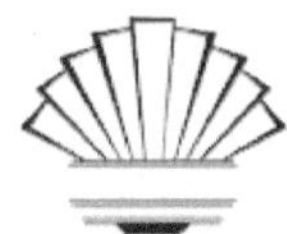

# PIERRE CHAREAU

Pierre Chareau était l'un des plus importants architectes et décorateurs français de l'entre-deux-guerres et l'une des figures emblématiques de l'art déco en France.

Pierre Chareau naît en 1883, à Bordeaux, il commence sa carrière comme dessinateur calqueur au sein de la firme britannique Waring & Gillow, spécialisée dans la fabrication de meubles Arts & Crafts jusqu'en avril 1914. Ce n'est qu'en 1919 que Pierre Chareau ouvre son propre atelier de création de mobilier installé au 54, rue Nollet, à Paris. En 1924 il y ajoute un magasin appelé « La Boutique » qu'il crée avec sa femme Dollie, au 3, rue du Cherche-Midi, où il expose, ses propres œuvres et les créations qu'ils éditent : tissus d'Hélène Henry, tapis de Jean Burkhalter ou de Charchoune et aussi Jean Lurçat. Lorsqu'il expose pour la première fois au Salon d'automne de 1925, son travail est largement salué. En quelques années, Pierre Chareau est passé du statut de designer autodidacte à celui de membre du Conseil International de l'Architecture Moderne (CIAM) et de l'Union des Artistes Modernes (UAM).

La famille Bernheim a recours au talent de Pierre Chareau, qui avec l'aide de l'architecte Bernard Bijvoet, conçoit le Club-House du Golf de Beauvallon pour Émile Bernheim (1927), la Villa Vent d'Aval pour Edmond Bernheim (1927-1928) l'emménagement en 1927 du Grand Hôtel de Tours pour Paul Bernheim, et la maison de verre pour le docteur Jean Dalsace et son épouse Annie Bernheim, fille d'Edmond, entre 1928 et 1932. Le couple Dalsace, fait la connaissance de Pierre

Chareau par sa femme anglaise, Louise Dorothée Dyte, surnommée Dollie, celle-ci dispensait des cours d'anglais à la jeune Anna Bernheim, de 16 ans sa cadette.

Pierre Chareau est reconnu comme architecte en construisant son chef-d'œuvre, la Maison de Verre, dans laquelle il démontre à la fois sa maîtrise de l'aménagement de l'espace et sa profonde connaissance des matériaux. L'utilisation innovante du verre et de l'acier, lui permet de créer une structure légère et transparente. La Maison de verre est composée de trois niveaux, chacun ayant une fonction spécifique. Le rez-de-chaussée est utilisé comme lieu de travail pour le Docteur, Jean Dalsace, promoteur du planning familial, tandis que le premier étage est réservé aux espaces de vie et de réception. Le deuxième étage est quant à lui destiné aux chambres à coucher.

La maison est également connue pour son mobilier, conçu par Chareau. Les pièces de mobilier ont été spécialement conçues pour s'intégrer harmonieusement dans la structure de la maison. La Maison de verre est considérée comme l'un des chefs-d'œuvre de l'architecture moderne. Pierre Chareau est célèbre pour son mobilier innovant et fonctionnel. Son style unique était le fruit de la fusion entre les formes géométriques et organiques, ainsi que l'utilisation de matériaux modernes tels que le verre, le métal et le plexiglas. Les arts plastiques ont exercé une influence majeure sur les lignes de créations et que Pierre Chareau accorde une importance particulière à la mobilité en mettant en place des systèmes qui permettent la transformation des meubles et des espaces pour répondre à une multiplicité de besoins[12].

En 1940, il quitte la France pour s'installer à New York. Après la guerre, il ne manifeste aucun désir de retourner à Paris. En 1947, il se charge de la construction de la maison atelier de Robert Motherwell, à East Hampton, à partir de pièces de hangars vendues par l'armée américaine. Étant donné que le peintre ne pouvait pas le rémunérer, il lui a donné un morceau de terrain où il a commencé à construire une maison pour lui-même. Malheureusement, il n'a pas pu la terminer avant sa mort.

---

[12] https://madparis.fr/amenagements

Toutefois, ces deux réalisations témoignent de l'esprit d'invention qui ont animé les constructions est les aménagements chers à Pierre Chareau.

Club-House du Golf de Beauvallon © Thérèse Bonney/Smithsonian

# LE SALON DE COROMANDEL

En 1922 au début des études du Grand hôtel de Tours, Hélène tombe enceinte, elle a 37 ans, la décision est prise par le couple d'emménager dans la propriété des Mazeraies pour éviter les fréquents allers et retour entre Paris et la Touraine. Les aménagements intérieurs de l'aile construite par le précédent propriétaire Robert Coppens de Fontenay[13], secrétaire honoraire de l'Ambassade de Belgique, sont confiés à Pierre Chareau, designeur et ami des Bernheim, qui est aussi chargé des aménagements du Grand hôtel.

Le premier aménagement est la nursery dès 1922. Nous n'en connaissons pas la disposition, mais Chareau en a déjà réalisé plusieurs, dont celle du premier enfant du couple Dalsace. Pour le papier peint Chareau demande à son ami d'enfance, Jean Lurçat, qui fait un dessin qu'il intitule « les Mazeraies », ce qui prouve que la nursery était bien aux Mazeraies et non pas dans leur logement à Paris, c'est aussi vrai pour le salon de Coromandel.

Le papier peint Les Mazeraies, dessiné par Jean Lurçat est édité par Pierre Chareau en 1922 par impression à la planche. Ce procédé consiste à imprimer des tissus grâce à un bloc de bois gravé après l'avoir enduit de teinture. Pour un seul dessin, il y a autant de blocs gravés que de couleurs contenues dans le dessin original, que l'on souhaite transférer sur le tissu.

---

[13] Le Soleil du 29 novembre 1905, p. 3.

Jean Lurçat, « Les Mazeraies », édité par Pierre Chareau © MAD

Camaïeu de bleus et bruns sur fond crème ; hachures, motifs de flûte, cartes à jouer, feuillage exotique, serpent et éventail sur lequel sont inscrites les phrases « tu es un clown, un toréador, tu as des chaînes de montre en or », D'autres inscriptions « j'aime Manon » et aussi « Rossignol », « je t'aime » et « adieu jouets des… » Le lai fait 145x50 cm.

Aile ajoutée par Robert Coppens de Fontenay en 1905.
Le salon est situé au 2e étage de l'arrondi

Le bâtiment possède en son milieu une avancée en demi-cercle que Pierre Chareau utilisera pour réaliser le salon ovale demandé par Hélène. Ce projet va permettre à l'aménageur d'appliquer ses idées sur l'utilisation sophistiquée de la courbe, la géométrie variable et circulaire, le jeu des perspectives partielles ou masquées, la rupture de la symétrie et l'usage de la diagonale. L'astuce de Chareau pour réaliser cet ovale est de créer un salon en forme d'œuf dans lequel le traitement du plafond donne un ovale étroit, allongé dont l'axe est légèrement en biais par rapport à l'œuf initial. L'étude des photographies de l'époque montre clairement cette disposition. Les deux autres fenêtres éclairent un espace légèrement séparé du salon, peut être un fumoir comme Pierre Chareau aimait en installer dans ses aménagements.

Le salon Coromandel est un espace intérieur luxueux, élégant et chaleureux, d'une surface de vingt-quatre mètres carrés environ. L'atmosphère générale du salon est à la fois raffinée et bienveillante, créant un espace confortable pour les nombreux invités, principalement artistes, de Hélène Bernheim.

Salon d'Hélène Bernheim, dit salon de Coromandel © MAD, Paris

Le livre de Brian Brace Taylor[14], nous permet de connaître les aménagements du salon. Les murs sont recouverts de panneaux de Coromandel de couleur chaude avec des bambous pour souligner la verticalité, les portes ainsi que le meuble du fond sont aussi recouvertes de Coromandel, ce qui les rend invisibles. Le type des laques dits « de Coromandel » a été créé en Chine vers le milieu du XVIIe siècle. Leur nom, celui de la côte orientale de l'Inde, a été donné par les Anglais du fait que c'était dans les ports de cette côte que ces laques, étaient exportées de Chine vers l'Europe. Le bois est recouvert d'un tissu fin, maintenu par un enduit de colle végétale et de schiste pulvérisé, soigneusement aplani. Le laque uni, presque toujours noir, parfois brun et plus rarement rouge, est ensuite posé en couches successives atteignant environ 3 millimètres d'épaisseur. Le décor, cerné d'incisions profondes et modelé en creux, est alors peint au moyen de pigments colorés mats, verts, rouges, bleus et blancs, qui contrastent avec le brillant du laqué, les

---

[14] Taylor, Brian Brace, *CHAREAU, Pierre. Designer and Architect.* Cologne : Taschen, 1992, p. 106.

panneaux sont montés en paravents de douze feuilles pouvant atteindre 3 mètres de hauteur et 60 centimètres de largeur pour chaque feuille. Ce sont environ quatre à cinq paravents qu'il a fallu démonter pour récupérer les panneaux centraux. Ce travail a probablement été réalisé par l'Atelier André Brugier, spécialiste des laques, fondé en 1920. La cheminée est en marbre noir et blanc surmontée de colonnes de bambous et panneaux de Coromandel, les chenets et la petite table basse sont du maître ferronnier Louis Dalbet. Sous les fenêtres, à l'intérieur, se trouvent des bacs à fleur sous lesquels prennent place des vitrines.

Le plafond est une construction à plusieurs niveaux en bois de palmier, c'est lui qui, par son agencement, donne au salon la forme ovale alors qu'il est ovoïde. Sa couleur est marron avec un ovale crème au plus haut. L'éclairage au-dessus de la cheminée est fourni par deux appliques en

Salon d'Hélène Bernheim, dit salon de Coromandel © MAD, Paris

plaques d'albâtre de Volterra quart de rond montées sur des attaches en métal noir. Le plafond est éclairé par des feuilles d'albâtre rectangulaire courbées sur la longueur et maintenue deux par deux par du métal.

Le mobilier est entièrement imaginé par Pierre Chareau, chaque pièce porte un numéro de série et une marque CP. Devant la fenêtre est placé une méridienne courbe en palissandre de Rio massif, rembourrage bois laqué et tissu ivoire, c'est le modèle MP 167 de la boutique Chareau. Au sol est posée une peau de panthère.

Le fond du salon ovale © Peter Zaknic

Dans le fond le meuble bar est plaqué en Coromandel identique aux murs. Devant se trouvent deux fauteuils modèles MF 172, en palissandre de Rio massif, de section hexagonale, le dossier gondole renversé, tapissé de velours couleur ivoire, reposant sur deux pieds avant gaine et deux pieds arrière sabre. Au sol, devant l'ouverture vers une autre pièce, se trouve un tapis PT 867 d'après un carton de Jean Burkhalter en laine de couleur dégradé de brun et beige au point noué, tissé par Hemsi. Ce tapis à la particularité d'être coupé en suivant les ondulations. Près du tapis se trouve une table gigogne "Éventail" modèle MB106 en placage d'acajou et acajou massif composé de quatre plateaux amovibles à découpe triangulaire à bords arrondis reposant sur des montants pleins cintrés et sur un montant fixe. Dans l'autre pièce on voit un tabouret *curule* SN1 avec l'assise incurvée en placage et structure latérale en sycomore massif ton naturel. Ce tabouret est à côté d'un meuble en ébène.

Fin juin de l'année 1935, les Bernheim vendent la propriété au célèbre médecin Louis Moinson. Le docteur Moinson est originaire de Loches, son père est instituteur. Louis est marié avec une Américaine A. Carter. Moinson est commandeur de la Légion d'honneur et croix de guerre, il est médecin dans les hôpitaux anglais et Américain, inspecteur des écoles de Paris. C'est un membre actif du Tout-Paris, Il organise des évènements qui mobilisent de très nombreuses personnalités. En mars 1939, le couple Moinson organise un Thé-bridge particulièrement brillant, dans les salons du Crillon. On y recense plus de soixante personnalités avec leur épouse, des médecins, des sénateurs et surtout Barons, marquis, et comtes.

Le domaine voit arriver régulièrement des célébrités parisiennes, invité par Moinson. Le plus célèbre est sans conteste l'écrivain Claude Farrère de l'Académie française et commandeur de la Légion d'honneur. Sa rencontre avec Louis Moinson est due à un tragique fait divers. Le 6 mai 1932, Claude Farrère assiste avec louis Moinson au salon annuel des écrivains anciens combattants à l'hôtel Salomon de Rothschild, à Paris. Alors qu'il s'entretient avec le président de la République, Paul Doumer, venu inaugurer l'événement, ce dernier se fait tirer dessus à deux reprises et en meurt le lendemain à l'aube. Claude Farrère, lui-même touché au bras, parvient tout de même à déstabiliser le tireur, Paul Gorgulov, un émigré russe. Le bras de Farrère est rapidement pris en charge par louis Moinson et sera ainsi sauvé.

Portrait du docteur Louis Moinson bronze gravé par Geneviève Granger

Louis, Émile, François Moinson est né le 13 décembre 1876 à Loches en Indre-et-Loire, son père est instituteur. Quand il achète les Mazeraies, Louis Moinson est Croix de guerre avec étoile de bronze 1918, officier de la Légion d'honneur, Officier de l'Instruction Publique et Officier du Ouissam Alaouite Chérifien. Il est membre de la Société de Médecine de Paris, de la Société Royale de Médecine de Londres, il est aussi Médecin Inspecteur des écoles.

Par décret du 9 décembre 1936 Louis Moinson est élevé au grade de Commandeur de la Légion d'honneur, avec comme parrain Claude Farrère, lui-même Commandeur. Après cette nomination, les Mazeraies ont très certainement servi d'écrin pour une réception champêtre digne du couple Moinson.

# ÉPILOGUE

Au cours de la nuit du lundi 17 juin la 5e Brigade Légère Mécanisé, aux ordres du Lieutenant-colonel Touzet du Vigier, prend la défense de la Loire à l'ouest de Tours. C'est le 2e Groupe de Franc Motorisé de Cavalerie du Lieutenant Huot qui s'installe entre Berthenay et Savonnières, les premiers blindés arrivent à Savonnières. Le lendemain mardi 18 juin, La ville de Tours est déclarée ville ouverte à 11 heures 30, la défense est reportée sur le Cher. Les mouvements de troupes commencent à 15 heures et se terminent à 17 heures, afin d'assurer la défense au sud de Tours. À l'ouest l'ordre d'opération 1/16 de la 3e Division Légère Mécanique organise la défense en cinq détachements, Celui sous les ordres du Lieutenant Huot est destiné à la défense du pont de Cinq-Mars. Les chars de dix-neuf tonnes et demie ne peuvent emprunter le pont de Savonnières, car il ne supporte que quatre tonnes. C'est par les rampes de l'ancien bac que les chars traversent le Cher qui est bas en cette saison. À Tours le pont de Fil est détruit à 17 heures, le pont de la Motte vers 18 heures et le pont Wilson à 23 heures 30.

Le lendemain mercredi 19 juin les Allemands attaquent Tours vers 4 heures 30 et déclenchent un vaste incendie. La matinée est calme dans le secteur entre Cinq-Mars et Langeais. Sur ordre du Général Pichon les deux ponts sont détruits. Le matin du jeudi 20 juin, alors que des rumeurs d'armistice se propagent, les armées reçoivent l'ordre de se replier. La 2e Division Légère Mécanique se replie sur la rive gauche du Cher à Tours, le pont du Milieu est détruit. 2e Groupe de Franc Motorisé de Cavalerie du Lieutenant Huot quitte sa position à 13 heures 30 et se replie sur Savonnières pour protéger les mouvements de la 3e Division Légère

Mécanique et défendre le pont[15]. Il sera complété par un détachement du 8e Cuirassier envoyé entre Tours et Savonnières avec la charge de maintenir la liaison entre les différents éléments. En fin de journée les troupes quittent Savonnières en direction d'Azay-le-Rideau, après avoir détruit une travée du pont. Les Allemands occupent Savonnières le lendemain matin, vendredi 21 juin. Fin juin le château des Mazeraies est occupé par les Allemands.

Louis Moinson avait quitté Paris au début des événements et regardait l'effondrement du Pays et l'arrivée des Allemands avec une certaine frayeur. Lui qui les avait combattus avec courage et panache pendant la Première Guerre mondiale[16] avait gardé une haine farouche envers eux. La réquisition de sa propriété des Mazerais par les occupants est un coup terrible pour lui qui avait été gazé pendant la bataille de Champagne. Voici comment il raconte ce moment « Bien sûr, j'étais fatigué depuis mon retour à Paris, après l'horrible tragédie que je venais de vivre pour la deuxième fois et beaucoup plus tristement et plus terriblement que la première, d'abord parce que j'avais 65 ans et que cette fois, il ne s'agissait plus de quelques mètres de terrain cédé un jour et repris le lendemain. »[17]. Cette tragédie a eu des conséquences sur sa santé, en juin 1942 il apprend qu'il est atteint de la Tuberculose, une conséquence du gazage qu'il a subi au Mont Kemmel, en Belgique en avril 1918. Il décide d'aller dans le sanatorium Martel de Janville sur Plateau d'Assy qui est réservé aux militaires.

Les Allemands ont quitté les Mazeraies pendant l'été 1944 après y avoir mis le feu. Les raisons de cette destruction se trouvent dans la chronologie des événements et le contexte particulièrement tendu d'une armée allemande harcelée par les maquisards, fatiguée et en retraite. Savonnières n'a pas été un lieu accueillant pour l'occupant.

Ainsi a disparu un joyau de l'Art Déco, le salon de Coromandel, les aménagements et mobiliers de Pierre Chareau, ainsi que le papier peint de Jean Lurçat. Louis Moinson, dès son entrée au Sanatorium, fait une

---

15 Bonnet, Guy. *1940, batailles sur les ponts de la Loire*, édition de la Nouvelle République, 1989.

16 Citation à l'Ordre du Corps d'Armée, Ordre général n°194

17 Moinson Louis, Un médecin raconte…(regard sur le passé), Vigot frère, 1955.

demande, qui est acceptée, pour exercer comme médecin à Monaco[18], afin de fuir la France. Il est certain qu'il est venu aux Mazeraies en 1945 pour se rendre compte de l'état du domaine laissé par les Allemands. Le choc est terrible devant le spectacle de désolation où se trouve le château, le château est partiellement incendié, l'anéantissement est le premier sentiment qui lui vient à l'esprit. Autre contrariété, les réquisitions allemandes de logement et de cantonnement ne font pas partie des dommages de guerre. Louis Moinson devant le montant exorbitant d'une restauration, prend la décision de raser les murs et vendre les pierres, la propriété sans château est vendue peu après.

[18] Tableau nominatif des médecins autorisés à exercer dans la Principauté, année 1946.

# Table des matières

www.ingramcontent.com/pod-product-compliance
Lightning Source LLC
LaVergne TN
LVHW041305150826
845673LV00008B/2744

* 9 7 8 2 9 5 8 8 7 9 7 0 9 *